RICETTA VIDE PER PRINCIPIANTI

50 RICETTE SEMPLICI

MIA MADRE

Tutti i diritti riservati.

Disclaimer

Le informazioni contenute in i intendono servire come una raccolta completa di strategie sulle quali l'autore di questo eBook ha svolto delle ricerche. Riassunti, strategie, suggerimenti e trucchi sono solo raccomandazioni dell'autore e la lettura di questo eBook non garantisce che i propri risultati rispecchieranno esattamente i risultati dell'autore. L'autore dell'eBook ha compiuto ogni ragionevole sforzo per fornire informazioni aggiornate e accurate ai lettori dell'eBook. L'autore e i suoi associati non saranno ritenuti responsabili per eventuali errori o omissioni involontarie che possono essere trovati. Il materiale nell'eBook può includere informazioni di terzi. I materiali di terze parti comprendono le opinioni espresse dai rispettivi proprietari. In quanto tale, l'autore dell'eBook non si assume alcuna responsabilità per materiale o opinioni di terzi. A causa del progresso di Internet o dei cambiamenti imprevisti nella politica aziendale e nelle linee guida per l'invio editoriale, ciò che è dichiarato come fatto al momento della stesura di questo documento potrebbe diventare obsoleto o inapplicabile in seguito.

L'eBook è copyright © 2021 con tutti i diritti riservati. È illegale ridistribuire, copiare o creare lavori derivati da questo eBook in tutto o in parte. Nessuna parte di questo rapporto può essere riprodotta o ritrasmessa in qualsiasi forma riprodotta o ritrasmessa in qualsiasi forma senza il permesso scritto e firmato dell'autore.

SOMMARIO

INTRODUZIONE

Sous vide (francese), noto anche come cottura prolungata a bassa temperatura, è un metodo di cottura in cui il cibo viene posto in un sacchetto di plastica o in un barattolo di vetro e cotto a bagnomaria più a lungo del normale (di solito da 1 a 7 ore) . , fino a 72 ore o più in alcuni casi) a una temperatura regolata con precisione.

La cottura sottovuoto viene effettuata principalmente mediante macchine a circolazione ad immersione termica. La temperatura è molto più bassa di quella comunemente usata per cucinare, tipicamente da 55 a 60 ° C (da 130 a 140 ° F) per la carne rossa, da 66 a 71 ° C (da 150 a 160 ° F) per il pollame e più alta per le verdure. L'intenzione è quella di cuocere l'articolo in modo uniforme, assicurandosi che l'interno sia ben cotto senza cuocere troppo l'esterno e per trattenere l'umidità.

La cottura sottovuoto è molto più semplice di quanto si possa pensare e generalmente prevede tre semplici passaggi:

- Collega la tua pentola di precisione a una pentola d'acqua e imposta l'ora e la temperatura in base al livello di cottura desiderato.
- Metti il cibo in un sacchetto sigillabile e aggancialo al lato della pentola.
- Finisci rosolando, cuocendo o cuocendo alla griglia i cibi per aggiungere uno strato esterno croccante e dorato.

Con un controllo preciso della temperatura in cucina, sous vide offre i seguenti vantaggi:

- Consistenza. Poiché cucini il cibo a una temperatura precisa per un periodo di tempo preciso, puoi aspettarti risultati molto costanti.

- Gusto. Il cibo viene cotto nei suoi succhi. Ciò garantisce che il cibo sia umido, succoso e tenero.

- Riduzione dei rifiuti. I cibi preparati tradizionalmente si seccano e creano rifiuti. Ad esempio, in media, la bistecca cotta tradizionalmente perde fino al 40% del suo volume a causa dell'essiccazione. La bistecca cotta con cotture di precisione non perde nulla del suo volume.

- Flessibilità. La cucina tradizionale può richiedere la tua costante attenzione. La cottura di precisione porta il cibo a una temperatura esatta e la mantiene. Non c'è bisogno di preoccuparsi di cuocere troppo.

1. Rotolo di arrosto sulla rete di pancetta

Ingredienti per 10 persone

- 4 kg di filetto di maiale
- 2 pacchetti di crema di formaggio (corona di crema di formaggio)
- Pepe
- 2 cipolle
- 6 cucchiai di Rub (paprika rub) o spezie a scelta
- 500 g di pancetta affettata, la più spessa
- 200 g di formaggio cheddar, in un unico pezzo
- 250 g di carne macinata
- 250 ml di salsa barbecue

Preparazione

Tempo totale ca. 2 giorni 1 ora e 30 minuti

Avrai bisogno di uno spago da cucina per legare, un fornello sottovuoto e una macchina per il sottovuoto che includa carta sigillante.

Tritare il salmone di maiale con un taglio a farfalla in modo da creare una bella fetta di carne larga e piatta (avvicinarsi sarebbe oltre lo scopo. Ci sono numerosi video su Internet, dove questo è descritto molto bene.

Non è davvero rucola scienza). Se necessario, pestare ancora con il batticarne o una casseruola come una cotoletta.

Nel frattempo, tagliare le cipolle a listarelle o anelli e metterle in una ciotola. Aggiungere due cucchiai di miscela di spezie e impastare bene fino a quando le cipolle perdono la loro struttura rigida. Distribuire il composto rimanente sulla superficie della carne. Distribuire tutta la crema di formaggio sulla superficie della carne e lisciare. Si tolgono circa 18 strisce di pancetta dalla confezione e si distribuiscono una accanto all'altra sulla crema di formaggio. Distribuire le cipolle condite su tutta la superficie. Tagliare ca. Strisce allungate larghe 2,5 - 3 cm del blocco di formaggio. Posizionalo su uno dei due lati più lunghi sul bordo della superficie della carne. Arrotolare la superficie della carne iniziando con il formaggio cheddar in una salsiccia strettamente e con una leggera pressione. Lega l'arrosto in circa 4 punti con dello spago da cucina in modo che non si sfaldi.

Mettere l'arrosto nel sacchetto sigillante e aspirare. Cuocere per circa 24 ore in bagno sottovuoto a 60 ° C.

Il giorno dopo, stendete una rete di pancetta con il resto della pancetta (il mio consiglio con il video su Internet vale anche qui). Arrotolare l'arrosto. Sigillare le estremità con la carne macinata guarnita con una crema spalmabile in modo che il formaggio fuso non si stacchi. Spennellare con salsa barbecue.

Friggere in forno preriscaldato a 150 ° C sulla griglia centrale. Si consiglia di far scorrere una teglia sotto la griglia per raccogliere la salsa e il grasso che gocciolano. Dopo circa 30 minuti, glassare di nuovo l'arrosto. Dopo altri 30 minuti, la salsa si asciuga fino a ottenere una finitura lucida e l'arrosto è pronto.

L'ultimo passaggio può essere fatto anche con calore indiretto sulla griglia a carbone oa gas. L'ho fatto io e nel frattempo ho affumicato l'arrosto. Tuttavia, la variante al forno è quasi altrettanto gustosa.

2. Petto di pollo alla senape

Ingredienti per 4 persone
Per la carne:

- 2 grandi petti di pollo senza pelle
- 1 spicchio d'aglio
- 1 rosmarino
- 3 foglie di alloro
- 25 g di burro
- Sale marino e pepe
  Per la salsa:
- 25 g di burro
- 1 cipolla piccola
- 1 spicchio d'aglio piccolo
- 2 cucchiai. Farina
- 50 ml di vino bianco, più secco
- 250 ml di brodo di pollo

- 5 fili di zafferano
- 200 ml di panna
- Erbe, miste, a tua scelta
- 1 cucchiaino di senape
- Amido alimentare
- zucchero
- Succo di limone
- Sale e pepe
- 2 dischi di Gouda, medioevo

Preparazione

Tempo totale ca. 1 ora 23 minuti

Preriscaldare il bagno sottovuoto a 65 ° C.

Tagliare i petti di pollo a metà nel senso della lunghezza per formare due piccole cotolette. Salate, pepate e mettete in un sacchetto sottovuoto. Pelare e affettare l'aglio. Spalmare sulla carne con il rosmarino, le foglie di alloro e il burro. Vuoto tutto e 30 min. Cuocere a bagnomaria.

Sciogliere il burro e soffriggere le cipolle e l'aglio tritati finemente fino a renderli trasparenti. Cospargere di farina e sfumare con vino bianco e brodo. Aggiungere lo zafferano e il tutto per circa 15 min. cuocere a fuoco lento. Rimuovere la carne dal bagno e dal sacchetto Sous Vide e disporla in una pirofila.

Aggiungere la panna, le erbe e la senape alla salsa. Versare il brodo del sacchetto attraverso un colino fine nella salsa, se necessario legare con la fecola e condire con sale, pepe, zucchero e succo di limone. Se lo desideri, puoi semplicemente aggiungere le erbe per ultime e prima frullare brevemente la salsa.

Versare un po 'di salsa sulla carne, non deve essere completamente ricoperta e ricoperta con mezza fetta di formaggio per circa 7 - 8 min. cuocere a fuoco vivo.

Servire la salsa rimanente extra.

Si sposa bene con risotti e insalate, ma anche con patate o pasta.

3. Agnello sottovuoto - ininterrotto

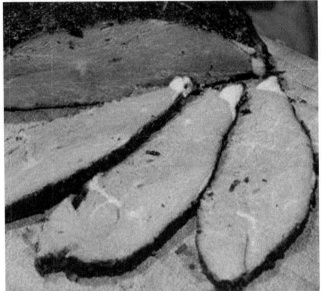

Ingredienti per 4 persone

- 4 fianchi di agnello, 180 g l'uno
- 3 cucchiai colmi di erbe di Provenza
- 2 cucchiai. olio d'oliva

Preparazione

Tempo totale ca. 2 ore e 10 minuti

Preriscaldare un forno sottovuoto a 54 ° C.

Trasformare prima i fianchi di agnello nelle erbe, quindi mettere l'olio in una busta sous vide e sous vide. La carne dovrebbe essere a temperatura ambiente.

Lasciar cuocere a bagnomaria per 2 ore.

Consiglio: un piacere anche quando fa freddo.

4. Polpo al burro di chorizo

Ingredienti per 4 persone

- 400 g di Polpo, (Polpo), pronto da cuocere
- 1 spicchio d'aglio, a fette grandi
- 1 foglia di alloro
- 50 ml di vino rosso secco
- 2 cucchiai. olio d'oliva
- 1 peperone grande, rosso
- 200 g di pomodorini, tagliati a metà
- 100 g di burro
- 100 g di chorizo, tagliato a fettine sottili
- 1 spicchio d'aglio, tritato finemente
- Sale affumicato
- polvere di peperoncino
- Sale marino

- Petrolio

Preparazione

Tempo totale ca. 2 ore e 20 minuti

Arrostire i peperoni in un forno riscaldato a 200 ° C fino a quando la pelle diventa nera ed è facile da rimuovere. Tritate i peperoni pelati e snocciolati a cubetti grandi e infornate a 150 ° C. Tagliate a metà i pomodorini, adagiate la superficie tagliata su una teglia ben unta, cospargete di sale marino e infornate.

Aspirare il polpo insieme alle fettine di aglio, alloro, vino rosso e olio d'oliva e metterlo a bagnomaria riscaldato a 72 ° C (bagno sottovuoto). Sia il polpo che i pomodori impiegano circa 1,5 ore.

Poco prima dello scadere del tempo di cottura, sciogliere il burro in una padella non troppo calda e grigliare leggermente le fette di chorizo e l'aglio. Aggiungere la paprika in polvere, i cubetti di paprika ei pomodorini, mescolare accuratamente e condire con sale affumicato e peperoncino in polvere, quindi togliere dal fuoco.

Togliere il polpo dall'infuso, asciugarlo tamponando, tagliarlo a fette spesse circa 5 mm e unire al burro di chorizo.

Per adattarsi: baguette fresche, patate arrosto al rosmarino, pancetta e ravioli ripieni di ricotta.

Poiché un polpo in genere pesa molto più di 400 g, più porzioni possono essere cotte nel bagno sottovuoto contemporaneamente, raffreddate in acqua ghiacciata per almeno 10 minuti e quindi congelate. Se necessario, rigenerare in un bagno caldo a 70 ° C.

5. Quaglia spinaci

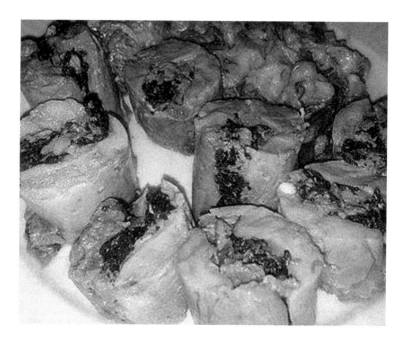

Ingredienti per 1 porzioni

- 1 quaglia
- 1 filetto di petto di pollo
- 50 g di spinaci sbollentati
- 150 ml di panna
- 100 g di crauti
- 20 g di carote, tritate finemente
- 20 g di zucchero semolato
- 10 g di rafano, fresco
- 4 patate piccole, cuocere infarinate, già cotte
- Erbe aromatiche
- Sale e pepe
- Burro chiarificato

Preparazione

Tempo totale ca. 2 ore

Tagliare a pezzi il petto di pollo e frullarlo con gli spinaci. Condisci la finta con sale e pepe.

Separare la carne di quaglia dall'osso e salare leggermente. Stendere i seni in una pellicola sottovuoto. Distribuire sopra la finta di spinaci e coprire il tutto con le cosce di quaglia. Avvolgi la pellicola e forma un rotolo. Ora aspirate il rotolo e mettetelo a bagnomaria a 58 ° C. Lasciatelo riposare per circa 1 ora.

Nel frattempo scaldare i crauti freschi con la panna, aggiungere le carote sbollentate e tagliate a dadini, i piselli dolci e le patate lesse. Portare il tutto a ebollizione brevemente e poi condire con rafano.

Rimuovere la pellicola dal rotolo di quaglie. Friggere brevemente il panino con le erbe su tutti i lati.

Tagliate a fettine e servite.

6. Petto di tacchino tagliato in uno strato di pepe

Ingredienti per 4 persone

- 1 kg di petto di tacchino
- 6 cucchiai di bistecca al pepe
- 2 cucchiai. zucchero di canna grezzo

Preparazione

Tempo totale ca. 6 ore

Mescolare insieme la bistecca di pepe e lo zucchero grezzo. Trasformare il petto di tacchino nella miscela e premere bene. Aspira tutto in un sacchetto. Preriscaldare il dispositivo sottovuoto a 80 gradi. Mettere la borsa a bagnomaria per ca. 4 ore.

Estrarre e raffreddare nella borsa. Quando il petto di tacchino sarà freddo, asciugatelo e tagliatelo a fettine sottili (salumi).

Si sposa bene con gli asparagi.

7. Salmone con capperi in insalata

Ingredienti per 2 persone

- 300 g di filetto di salmone senza pelle
- 2 cucchiai. capperi
- ½ mazzo di aneto
- 1 bustina di lattuga, mista
- 1 m di cipolla rossa
- 2 cucchiai. Balsamico, fondente
- 1 cucchiaio. Salsa di pesce
- 1 cucchiaio. Olio d'oliva
- 1 cucchiaino di pepe
  Preparazione
  Tempo totale ca. 50 minuti
  Tritare finemente 1 cucchiaio. capperi e aneto. Strofina il
  salmone con questa miscela. Mettere il salmone in una

busta sottovuoto ea bagnomaria a 55 gradi per 35 min. fermento.

Tagliate le cipolle a rondelle sottili e tritate i restanti capperi, quindi mescolateli con l'aceto balsamico, la salsa di pesce, l'olio d'oliva e il pepe.

Togli il salmone dal sacchetto e dividilo in grossi pezzi. Mescolare l'insalata con la salsa e adagiarvi sopra il salmone caldo.

8. Petto d'anatra

Ingredienti per 2 persone

- 2 Filetto di petto d'anatra con la pelle
- 50 g di carote, tritate finemente
- 50 g di radice di prezzemolo tritata finemente
- 50 g di scalogno tritato finemente
- 50 g di mela, tagliata a cubetti

- 50 g di prugne tritate finemente
- 1 pizzico di aglio, tritato finemente
- 20 g di zenzero, tritato finemente
- 100 ml di brodo o brodo vegetale, non salato
- 50 ml di salsa di soia, fondente, prodotta naturalmente
- 3 cucchiai di succo di limone
- 1 cucchiaino di paprika in polvere, dolce nobile
- ½ cucchiaino di pepe bianco macinato finemente
- Grasso d'anatra
- sale

Preparazione

Tempo totale ca. 2 ore 35 minuti

Friggere tutti gli ingredienti a dadini piccoli in una casseruola unta, mescolando più volte. Potrebbe formarsi un leggero pane tostato. Sfumare con brodo, salsa di soia e succo di limone e sciogliere con un cucchiaio di legno. Aggiungere i peperoni e il pepe. Ora lascia sobbollire la salsa per circa 10 minuti. Quindi mescolare con uno sbattitore a mano e raffreddare leggermente.

Sciacquare i filetti di petto d'anatra, asciugarli tamponando con carta da cucina e tagliare la pelle a forma di diamante con un coltello affilato. Assicurati di non tagliare la carne. Riempire le bistecche con la salsa raffreddata in un sacchetto sottovuoto e sottovuoto.

Ora riempite d'acqua una pentola di ghisa, mettete un termometro e riscaldate l'acqua a 62 ° C sul campo di induzione. Quando la temperatura è raggiunta, inserire la busta sigillata e chiudere la pentola. Ora è importante controllare la temperatura dell'acqua per 120 min. Non è un problema per il fornello a induzione mantenere stabile la temperatura.

Dopo 2 ore togliete il sacchetto, asciugate leggermente la carne, mettete il sugo in una casseruola e tenetela al caldo. Friggere la carne in una padella calda unta sul lato della pelle per 1 min. E sul lato della carne per 30-45 secondi.

Disporre con la salsa e servire con riso, pasta o tutti i tipi di patate.

9. Uovo di onsen al forno con spinaci

Ingredienti per 2 persone
- 4 uova, migliore qualità
- 80 g di spinaci surgelati
- 10 g di cipolla tritata finemente
- 20 g di carote
- 50 g di granchi del Mare del Nord
- 40 g di crema di formaggio
- 50 g di burro
- 50 g di Panko
- Sale e pepe
- Noce moscata
- Succo di limone
Preparazione

Tempo totale ca. 1 ora e 10 minuti

Un uovo onsen è un uovo che viene cotto nelle sorgenti calde giapponesi, chiamate onsen, a temperature comprese tra 60 e 70 ° C. Di conseguenza, viene cotto il tuorlo d'uovo, ma non l'albume, perché ci vogliono almeno 72 ° C .

Impostare il dispositivo sottovuoto a 63 ° C, e quando avrà raggiunto la temperatura cuocere le uova a bagnomaria per 60 minuti a 63 ° C.

Nel frattempo, tritate finemente le cipolle e le carote, potete aggiungere altre verdure come peperoni o funghi, aggiungere gli spinaci e cuocere. Condisci bene con sale, pepe e noce moscata.

Mescolare i granchi con la crema di formaggio. Eventualmente riaggiustare la consistenza con un pizzico di succo di limone, se necessario aggiustare di sale e pepe, a seconda del gusto.

Togli le uova dal guscio, asciuga con cura l'albume in eccesso con il dito. Lascia il burro nella padella. Arrotolare il tuorlo d'uovo nel panko e rosolarlo brevemente fino a quando non diventa dorato su entrambi i lati.

10. Involtini di pollo con pangrattato

Ingredienti per 4 persone

- 4 petti di pollo o cosce
- 250 g di panino
- 1 uovo
- 100 ml di latte
- Sale e pepe
- Erbe, miste

Preparazione

Tempo totale ca. 3 ore e 30 minuti

Spara ai petti di pollo o alle cosce e lascia la pelle il più integra possibile.

Prepara degli gnocchi con cubetti di pane, uova, latte e spezie. Mescola tutto e lascia riposare.

Adagiare la carne su pellicola trasparente, condire e coprire con lo gnocco. Formare un rotolo, adagiarlo sulla pelle e avvolgerlo con pellicola trasparente.

Vuoto e cuocere a bagnomaria a 68 ° C per circa 3 ore.

Togliere dalla carta alluminio e friggere brevemente in forno preriscaldato a 220 ° o flambare sul fornello a gas.

Taglia e servi.

Anche caldo o freddo come antipasto o con buffet.

11. Buta no kakuni

Ingredienti per 6 persone

- 1 kg di pancetta disossata
- 100 ml di salsa di soia
- 100 ml di Mirin
- 100 ml di sake
- 2 cucchiai. Salsa di pesce
- 3 cucchiai di zucchero
- 3 spicchi d'aglio

- 6 cm di radice di zenzero
- 3 erba cipollina

Preparazione

Tempo totale ca. 1 giorno 12 ore 40 minuti

Tagliare prima la pancetta, idealmente dovrebbe avere gli stessi strati di grasso e carne possibili, tagliarla a ca. Cubetti da 3 cm. La pancia può essere preparata allo stesso modo con o senza crosta.

Per prima cosa mettere i cubetti con il lato grasso rivolto verso il basso in una padella calda e friggerli energicamente. Poiché parte del grasso si dissolve immediatamente, non è necessario alcun grasso aggiuntivo. Quindi friggere sull'altro lato e togliere dalla padella.

Mescolare il mirin, il sake, la salsa di soia, lo zucchero e un po 'di salsa di pesce. Pelare e affettare l'aglio e lo zenzero, tritare l'erba cipollina.

Aspirate il tutto insieme ai cubetti di pancetta e lasciate macerare nella pentola sottovuoto a 64 gradi per 36 ore. Certo, è anche molto più veloce se si sceglie una temperatura più alta, ma poi il grasso non si trasforma idealmente in uno smalto puro e delicato.

Terminata la cottura, togliere i cubetti di carne dai sacchetti di cottura e tenerli al caldo in forno a 65 ° C. Lasciare ridurre nuovamente il liquido di cottura fino a quando non inizia ad addensarsi. Per servire, coprire finemente i pezzi di pancetta di maiale con la salsa molto aromatica.

Buta no Kakuni si traduce dal giapponese in cubetti di pancetta di maiale semplicemente cotti delicatamente. Le variazioni di questo piatto consistono in particolare nella marinata / liquido di cottura e nel tempo di cottura. A causa della cottura lenta desiderata, la ricetta è particolarmente adatta per la cucina sottovuoto.

12. Funghi di coscia di pollo

Ingredienti per 2 persone
Per il condimento:

- 1 succo d'arancia, succo d'arancia, ca. 100 ml
- 50 ml di aceto balsamico di Modena
- 1 peperoncino rosso
- 2 cucchiai. olio vergine d'oliva
  Per la marinata:
- 70 ml di salsa di soia
- 10 ml di aceto di riso
- Salsa Worcestershire, poche gocce
- 1 cucchiaino di miscela di spezie (paprika in polvere, coriandolo in polvere, zucchero di canna)
- 2 spicchi d'aglio, più freddi
- 6 cosce di pollo

- Per l'insalata:
- 75 g di insalata di mais, pulita e lavata
- 1 cipolla rossa
- 1 peperone rosso
- 1 mazzetto di coriandolo, più fresco
  Per le verdure:
- 400 g di funghi freschi
- 1 cucchiaio. caro
- 1 cucchiaio. Mandorle tritate
- Burro o olio chiarificato per friggere
- È più:
- Sale e pepe
  Preparazione
  Tempo totale ca. 10 ore

Per la salsa di soia marinata, un bel pizzico di aceto di riso (circa 10 ml) e qualche goccia di salsa Worcestershire, mescolare in un contenitore adatto. Aggiungere lo zucchero di canna, il miele, la paprika in polvere e il coriandolo in polvere a piacere (1 cucchiaino). Infine sbucciate l'aglio fresco e premetelo nella marinata. Mescolare le cosce di pollo con la marinata e lasciare raffreddare per almeno 30 minuti, preferibilmente per tutta la notte. Non ci sono limiti alla marinata stessa. La cosa principale è che ha un buon sapore.

Per il condimento mescolare il succo d'arancia appena spremuto in rapporto 2: 1 con l'aceto balsamico. Mezzi: 100 ml di succo d'arancia in 50 ml di aceto balsamico. Quindi aggiungere un peperoncino tritato finemente e un po 'di sale e pepe al condimento. Alla fine, mescolare l'olio in una vinaigrette.

Questa quantità fornisce condimento per circa 4 porzioni. Mi piace tenerlo e poi usarlo il giorno successivo.

Lavate e mondate la lattuga d'agnello e mescolatela con mezza cipolla rossa tritata finemente (a seconda delle dimensioni e del sapore, ovviamente) e un peperone. Strappa il coriandolo e mescolalo. Sale e pepe.

Mondate i funghi, tagliateli a fettine e fateli cuocere in una padella ben calda, preferibilmente nel burro chiarificato, ma è possibile anche l'olio. Sale e pepe. Aggiungere un po 'di miele e spolverare con le mandorle e glassare i funghi sotto la padella.

Scolare bene il pollo dopo averlo marinato e sottovuoto, quindi cuocere a 73,9 gradi Celsius per 1 ora. Taglia la busta da un angolo e versa il liquido. Stendere le cosce su una teglia e schiacciarle brevemente sotto la griglia o (come ho fatto io) fiammeggiarle con un becco Bunsen.

Spalmare con il restante condimento e servire caldo insieme alla lattuga di agnello e ai funghi.

Suggerimento: puoi anche cuocere il pollo al forno.

13. Carpaccio di barbabietola con anatra orientale

Ingredienti per 2 persone

- 2 tuberi di barbabietola
- 1 confezione di formaggio feta
- 1 cucchiaino di senape di Digione colmo
- 1 cucchiaino di miele
- 1 mazzetto di coriandolo, in alternativa prezzemolo a foglia piatta
- 2 cucchiai. Balsamico, più leggero
- 2 cucchiai. Olio di noci o olio di sesamo, in alternativa olio d'oliva
- 2 cucchiai. Cointreau, in alternativa succo d'arancia
- Sale e pepe
- 1 manciata di pinoli, in alternativa noci
- 1 cucchiaio. Grani di pepe

- 2 garofani
- 1 cucchiaino di cannella
- 1 cucchiaino di cardamomo in polvere
- 5 pimento
- 12 semi di coriandolo
- ½ cucchiaino di peperoncino in polvere
- ½ cucchiaino di paprika
- ½ cucchiaino di zenzero macinato
- 1 petto d'anatra
- Burro chiarificato

Preparazione

Tempo totale ca. 50 minuti

Barbabietola in acqua salata ca. 20 minuti. cuocete, lasciate raffreddare e tagliate a fettine sottili. In alternativa, usa barbabietole precotte.

Tagliate la feta a fettine sottili. Preparare i piatti con barbabietole e formaggio feta.

Per il condimento mescolare miele, aceto balsamico, succo d'arancia, senape, condire con sale e pepe macinato. Grigliare le spezie rimanenti nella padella senza olio, lasciarle raffreddare leggermente, quindi mescolare. Mettere la miscela di condimento nella busta del congelatore, aggiungere il petto d'anatra. Succhia l'aria fuori dalla borsa e legala. Versare acqua bollente sulla busta in una casseruola, 10 min. Lasciar riposare, versare acqua e versare nuovamente acqua bollente, lasciare riposare ancora per 10 min.

Durante questo periodo tosta i pinoli o le noci. Mettili nei piatti. Tritate grossolanamente il coriandolo o il prezzemolo.

Togli il petto d'anatra dal sacchetto del freezer e mettilo nel burro chiarificato o simile. Friggi per 4-5 minuti su ogni lato. Metti la salsa nel condimento. Lasciate riposare un po 'la carne e tagliatela il più sottile possibile. Metti le fette nei piatti.

Versare il condimento sul carpaccio. Distribuire le erbe aromatiche tritate sui piatti.

14. La bistecca di manzo perfetta

Ingredienti per 1 porzioni

- 1 vitello
- 2 spicchi d'aglio
- 3 rosmarino
- 7 funghi
- 2 erba cipollina
- Olio per friggere
- Sale e pepe

Preparazione

Tempo totale ca. 2 ore e 15 minuti

Disimballare la bistecca di manzo e asciugarla tamponando, quindi sigillare con il rosmarino e l'aglio sbucciato in un sacchetto sottovuoto. Mettere la busta nel bagno sottovuoto a 53 - 54 ° C. La carne rimane qui per 2 ore.

Mondate i funghi e l'erba cipollina e tagliateli a pezzi. Quando la carne esce dal bagno, puoi iniziare a preparare il contorno in modo che abbia ancora un boccone e non sia completamente cotto.

Togli la carne dalla busta e griglia con il metodo flip-flip, cioè girala ogni 20-30 secondi fino a formare una bella crosta.

Friggere i funghi e l'erba cipollina per circa 5-10 minuti nella padella calda e condire con un po 'di pepe e sale.

15. Insalata di polpo con salicornes

Ingredienti per 4 persone

- 400 g di calamari (tentacoli di polpa)
- 5 cl di Noilly Prat
- 5 cl di olio d'oliva dolce
- 150 g di Queller (Salicornes)
- 12 pomodorini
- 30 g di pistacchi
- 1 cipolla rossa

- 1 manciata di sale
- Sale marino, grosso
- Per la vinaigrette:
- 4 cl di aceto di sherry
- ½ spicchi d'aglio
- 8 cl di olio d'oliva dolce
- 1 cucchiaino di senape di Digione
- Pepe (pepe di montagna della Tasmania), macinato al momento
- zucchero
- sale

Preparazione

Tempo totale ca. 5 ore e 30 minuti

Risucchiare i tentacoli di polpa insieme al Noilly Prat e all'olio di oliva e cuocere a bagnomaria a 77 ° C per 5 ore. In alternativa cuocete i tentacoli insieme all'olio e al Noilly Prat su una griglia in forno a circa 90 ° C; tuttavia, la carne non acquisisce la stessa consistenza tenera ma resistente al morso del metodo sottovuoto.

Nel frattempo spalmate di sale grosso il fondo di una teglia o di una teglia da forno, adagiate sul sale i pomodorini tagliati a metà con la superficie tagliata rivolta verso l'alto e lasciate asciugare in forno a 110 ° C per circa 2 ore. I pomodori dovrebbero essere ridotti a circa la metà del loro volume. Quindi sfornare, lasciar raffreddare e rimuovere con cura il sale. Il sale può essere riutilizzato "per sempre" per processi di essiccazione simili.

Sbollentare brevemente i salicornes in acqua bollente, far raffreddare velocemente e asciugare tamponando.

Tostare i semi di pistacchio essiccati in forno a circa 150 ° C fino al grado di tostatura desiderato (mai così a lungo da perdere il loro colore verde) e lasciarli raffreddare.

Tagliate la cipolla a rondelle sottili, mescolate con una manciata di sale e lasciate riposare per un'ora. Quindi risciacquare accuratamente e immergere in almeno un litro di acqua fredda per un'altra ora. Scolare l'acqua e asciugare accuratamente le cipolle.

Schiacciare finemente l'aglio e sbattere con l'aceto di sherry, l'olio d'oliva e la senape fino a formare un'emulsione. Condire bene con pepe di montagna, zucchero e sale. Il pepe di montagna, che non è affatto pepe, dovrebbe avere un sapore netto con le sue note floreali e fruttate.

Alla fine del tempo di cottura, togliere la busta di Polpo dal bagnomaria e raffreddare velocemente in acqua ghiacciata. Tagliate i tentacoli a pezzi grossolani e servite con il resto degli ingredienti.

16. Lonza di maiale

Ingredienti per 3 persone
- 500 g di filetto di maiale (arrosto di maiale)
- 750 g di patate
- 750 g di carote
- Burro fuso
- Sale e pepe
- zucchero

Preparazione

Tempo totale circa 2 ore e 30 minuti.

Lubrificare la carne con burro fuso, sale e pepe. Avvolgi molti, molti strati di pellicola trasparente e assicurati che non ci sia aria sotto la pellicola. Quindi annodare le estremità del film più volte su entrambi i lati.

In realtà, la carne deve essere sigillata con un dispositivo sottovuoto, ma chi non ha tale dispositivo può utilizzare il metodo della pellicola trasparente. È importante che la carne sia completamente sigillata, quindi è meglio usare troppo che non abbastanza foglio di alluminio.

Mettere in una pentola d'acqua e riscaldare a 60 ° C esatti. Su un fornello elettrico questo è compreso tra i livelli 1 e 2 (di 9). Mantenere esattamente questa temperatura è molto importante per il risultato, quindi pianifica un po 'di tempo per riscaldarlo! Quindi, mettete la carne in scatola nella pentola e lasciate cuocere per due ore senza coperchio. Quindi sciogliere il burro in una padella di ghisa molto calda per pochi secondi e caramellare la carne al suo interno per ottenere una bella crosta marrone.

Per le crocchette di patatine fritte, tagliare le patate a cubetti di ca. Lunghi 1 cm (oppure usate delle patate novelle tagliate a dadini molto piccoli) e mettetele in una pentola con acqua fredda. Portare l'acqua a ebollizione e cuocere le patate per due minuti, quindi filtrare.

Sciogliere il burro in una padella di ghisa molto calda e friggere le patate fino a doratura. Quindi mettere la teglia con le patate in un forno preriscaldato a 180 ° C. Friggere le patate fino a cottura ultimata.

Per le carote caramellate, tagliare le carote trasversalmente a pezzi di circa 2 cm di lunghezza e poi in quarti. Versare abbastanza acqua in una padella rivestita fino a coprire il fondo. Aggiungi i fiocchi di burro, lo zucchero e le carote. Cuocere a fuoco basso finché non diventa uno sciroppo marrone e mescolare le carote.

17. Rotolo di vitello con ragù di pomodoro

Ingredienti per 4 persone

- 8 Involtini, vitello
- 1 rametto di rosmarino
- 150 g di pomodori secchi sott'olio
- 2 spicchi d'aglio
- 50 g di olive nere
- 100 g di parmigiano, tutto intero
- 3 pezzi di filetti di acciughe
- 2 cucchiaini di tè ai capperi
- sale
- Macinapepe
- Per il ragù:
- 500 g di pomodorini
- 1 rametto di rosmarino
- Origano
- Basilico

- 4 cucchiai di olio d'oliva

Preparazione

Tempo totale ca. 1 ora e 40 minuti

Preriscaldare una pentola a cottura lenta (fornello sottovuoto) a 58 ° C per i panini. Mentre si sta scaldando, lavare il rosmarino, asciugarlo tamponando, togliere gli aghi e tritarlo finemente. Scolare i pomodori secchi e pelare l'aglio. Tagliare i pomodori, l'aglio, i capperi, i filetti di acciughe e le olive a cubetti molto piccoli e grattugiare grossolanamente il parmigiano. Per la farsa mettete tutti gli ingredienti preparati tranne i pomodori in una ciotola o nel mortaio con un filo d'olio e mescolate energicamente in una specie di porridge in modo che tutti gli ingredienti siano amalgamati.

Disporre le fette di carne una accanto all'altra su un piano di lavoro. Spazzola con finta, lasciando i bordi liberi. Arrotolare la carne sul lato stretto. O individualmente o max. Vuoto 2 rotoli in un sacchetto. Cuocere in forno a bassa temperatura per 1 ora.

Togliere gli involtini, aggiustare di sale e pepe e friggerli molto brevemente su tutti i lati in una padella antiaderente.

Per il ragù di pomodoro, lavare i pomodori e le erbe aromatiche e scuotere per asciugare. Strappare gli aghi o le foglie e tagliarli finemente. Mettere i pomodori insieme alle erbe in un sacchetto sottovuoto e condire leggermente con sale e pepe. Cuocere in forno a bassa temperatura a 85 ° C per 40 minuti.

18. Entrecote con patate gratinate

Ingredienti per 2 persone
Per la carne:

- 500 g di entrecote
- 4 rametti di rosmarino
- 4 rametti di timo
- 2 foglie di alloro
- 50 g di burro
  Per gratinare:
- 900 g di patate cerose
- 450 ml di panna montata
- 1 spicchio d'aglio
- 250 g di formaggio gratinato

- 3 pizzichi di sale, pepe, noce moscata
- 3 bicchieri di vino bianco

Preparazione

Tempo totale ca. 90 minuti

Riscaldare il bagnomaria alla temperatura desiderata. Preriscaldare il forno a 180 ° C (forno ventilato).

Mettere nel sacchetto sottovuoto l'entrecote con rosmarino, timo, alloro e burro e mescolare bene il tutto.

Aspirare la carne in un sacchetto, metterla a bagnomaria e cuocere per 70 minuti.

Pelare, tagliare a metà e tagliare le patate a fettine sottili (lasciare le patate tagliate nella loro forma, non separarle).

Tagliare a metà lo spicchio d'aglio e strofinare generosamente una pirofila.

Mettere le metà delle patate tagliate nella teglia. Quando il pavimento è coperto, impilarli in silenzio uno sopra l'altro. La panna e il vino vengono versati sopra, conditi con sale, pepe (le patate possono avere molto sale) e la noce moscata viene grattugiata. Cospargere il formaggio sulla crema di miscela di patate e far scorrere la teglia nel forno preriscaldato per 60 minuti.

Riscaldare la padella a fuoco alto, se inizia a fumare, aggiungere il burro e la bistecca e grigliare brevemente su tutti i lati fino a formare una crosta uniforme. Preriscalda il dispositivo alla fiamma più alta per prepararlo nell'apicoltore. Regolare l'inserto in modo che la carne sia a 1 cm dal fuoco. Mettere la griglia sulla carne e, a seconda dello spessore, cuocere la bistecca per 15-30 secondi per lato.

Mettere la carne su un piatto preriscaldato, salare e servire con il gratin.

19. Macedonia di frutta con zabaione

Ingredienti per 2 persone
Per l'insalata:

- 2 pere
- 1 ananas tenero
- 10 fragole
- 10 uva da tavola scura
- 2 kiwi
- 4 rametti di rosmarino
- 4 rametti di timo
- 1 manciata di menta fresca
- 3 cucchiaini di zucchero di canna di canna

- 4 cucchiai di rum
- 1 cucchiaino di sale

Per lo Zabaione:

- 4 tuorli d'uovo
- 4 cucchiaini di zucchero
- 100 ml di vino bianco
- 1 bicchierino di amaretto (facoltativo)

Preparazione

Tempo totale ca. 150 minuti

Preriscaldare il bagnomaria a 60 ° C.

Tagliate le pere in otto per il lungo, privatele del torsolo, cospargetele leggermente di sale e dividete i rametti di rosmarino in due sacchetti.

Tagliare la buccia dell'ananas, tagliare il frutto in quarti nel senso della lunghezza e tagliare il gambo. Cospargere di zucchero di canna, mettere in un sacchetto, aggiungere le foglie di menta e rifinire con il rum.

Lavate le fragole e asciugatele tamponando. Tagliarla a metà nel senso della lunghezza e dividerla in due sacchetti.

Lavate l'uva, asciugatela, tagliatela a metà nel senso della lunghezza e mettetela in un sacchetto di alluminio.

Pelare e tagliare in quarti il kiwi e metterlo in un sacchetto con i rametti di timo.

Cuoci le fragole per 15 minuti. Quindi rimuovere la busta dall'acqua e lasciarla raffreddare in una ciotola di acqua fredda.

Scaldare il bagnomaria a 65 ° C. Aggiungere il kiwi e l'uva all'acqua e, se necessario, mettere il sacchetto nella pentola con le mollette. Cuocere per 15 minuti. Togli il sacchetto e mettilo nella ciotola di acqua fredda con le fragole.

Riscaldare il bagnomaria a 75 ° C, aggiungere le pere e cuocere per 30 minuti. Togli la busta e mettila in acqua fredda.

Riscaldare il bagnomaria a 85 ° C. Aggiungere la busta di ananas e cuocere per 90 minuti. Mettere in acqua fredda.

Taglia la busta di alluminio, elimina le erbe e metti la frutta sui piatti.

Preparare lo zabaione poco prima di servire. Per fare questo, separare le uova e mettere i tuorli nella ciotola di metallo. Aggiungere lo zucchero, il vino e l'amaretto e sbattere a bagnomaria bollente per circa 1 minuto fino a ottenere una crema. Servire con macedonia di frutta.

20. Carota Sous Vide

Ingredienti per 2 persone

- 6 carote medie
- 3 pizzichi di sale
- 2 cucchiaini di zucchero semolato
- 2 colpi di olio d'oliva

Preparazione
Tempo totale ca. 40 minuti
Riscaldare il bagnomaria a 75 ° C.
Pelare le carote e tagliarle a metà nel senso della lunghezza.
Mettere in un sacchetto di carta stagnola, versarvi sopra l'olio e lo zucchero a velo e mescolare bene nel sacchetto.

Aspirate le carote e mettetele a bagnomaria per 35 minuti.

Terminata la cottura, togli le carote dal bagnomaria e scalda una padella a fuoco alto fino a quando il vapore non sale. Aggiungere le carote, premere leggermente e soffriggere per ca. 2 minuti finché non si vede una buona doratura.

21. Petti di pollo croccanti con insalata

Ingredienti per 2 persone
Per la carne:

- 1 petto di pollo intero (con la pelle)
- 50 g di burro
- 1 cucchiaino di sale, pepe
- Olio di colza o di girasole (per friggere)
  Per l'insalata:
- 2 cuori di lattuga grandi (lattuga romana)
  Per il condimento
- 3 acciughe (dal bicchiere)
- 1 spicchio d'aglio
- 5 pizzichi di succo di limone

- 250 g di panna fresca
- 3 cucchiai di olio d'oliva
- 150 g di parmigiano
- 3 pizzichi di pepe nero
  Per le fette di pane (crostini)
- 4 fette di ciabatta
- 4 cucchiaini di olio d'oliva
- 1 spicchio d'aglio

Preparazione

Tempo totale ca. 60 minuti

Preriscaldare il bagnomaria a 60 ° C con un bastoncino sous vide.

Salate, pepate e mettete il petto di pollo nella busta di alluminio. Aggiungi il burro.

Sigilla la busta, mettila a bagnomaria, fissala alla padella e cuoci per 60 minuti.

Per il condimento, unire l'aglio, le acciughe, l'olio, la panna fresca e il succo di limone in un mortaio e schiacciare il tutto bene fino a formare una pasta (in alternativa, ovviamente, potete anche utilizzare uno sbattitore a mano o un robot da cucina). Condite con pepe e succo di limone. Non serve sale perché le acciughe danno molto condimento.

Tagliate la lattuga a listarelle sottili e lavatele bene in uno scolapasta con acqua fredda.

Quando il tempo di cottura del petto di pollo è terminato, posizionare la padella sul fuoco e riscaldare al massimo.

Togli il sacchetto di alluminio dal bagnomaria, raccogli la carne e asciugala tamponando con carta da cucina. Quando la padella è cotta al vapore, aggiungere un pizzico di olio di colza o di girasole e mettere gli uccelli nella padella, con la pelle rivolta verso il basso. Premendo delicatamente le strisce della griglia sui salti.

Condire le fette di ciabatta su entrambi i lati con olio d'oliva. Mettere in padella e rosolare brevemente su entrambi i lati.

Aggiungere il condimento all'insalata e incorporarlo. Tagliate il petto di pollo e adagiatelo sull'insalata. Versare il parmigiano sull'insalata. Strofinare i crostini con mezzo spicchio d'aglio e servire con l'insalata.

22. Bistecca di manzo su purè di patate

Ingredienti per 3 persone
Per la carne:

- 350 g di filetto di manzo
- 30 g di burro
- 2 rametti di rosmarino
- 2 rametti di timo
- 1 spicchio d'aglio tagliato a fettine sottili
- sale

Per i colpi:

- 300 g di patate farinose
- 200 g di patate dolci
- 150 ml di panna montata
- 100 g di burro
- 3 rametti di maggiorana fresca

- 3 rametti di coriandolo fresco
- Sale, pepe, noce moscata
Per la riduzione:
- 400 ml di vino rosso
- 100 ml di brodo di manzo
- 5 rametti di rosmarino fresco
- 5 rametti di timo fresco
- 1 testa d'aglio
- Sale pepe
- 50 g di burro
- 1 cucchiaino di concentrato di pomodoro
- 2 cucchiai di amido (sciolto in due volte l'acqua)
- 30 g di zucchero
- 2 cucchiai di olio d'oliva

Preparazione
Tempo totale ca. 90 minuti
Preriscaldare il bagnomaria a 54 ° C.

Asciugare la bistecca con carta da cucina e aggiungerla al sacchetto di alluminio con rosmarino, timo, spicchi d'aglio e burro. Massaggia gli ingredienti dall'esterno nella busta in modo che tutto si amalgami bene.

Aspirare la carne, metterla a bagnomaria e cuocere per 90 minuti.

Tagliare il bulbo d'aglio intero nel senso della lunghezza e metterlo con la parte tagliata verso il basso in una casseruola.

Tostare leggermente l'aglio, aggiungere prima l'olio d'oliva, poi il burro, le erbe fresche e il concentrato di pomodoro e soffriggere energicamente per 1 minuto.

Sfumare con il vino, bagnare con il brodo e far bollire a fuoco medio per circa 40 minuti fino a ottenere una riduzione cremosa, mescolando di tanto in tanto.

Pelare e tagliare in quattro le patate per il purè. Mettere in una pentola di acqua fredda e cuocere a fuoco medio fino a renderlo morbido (circa 25 minuti).

Passare la salsa al colino. Posizionare la piastra sul livello più alto, aggiungere lo zucchero e l'amido alla salsa e portare il tutto a ebollizione una volta. Ridurre a fuoco medio e cuocere a fuoco lento per 20 minuti fino a ottenere una crema.

Aggiungere la panna, il burro e le erbe aromatiche tritate alle patate e frullare brevemente. Condire con sale, pepe e noce moscata.

Togliete il sacchetto sottovuoto con la carne dal bagnomaria e tenetelo brevemente sotto l'acqua fredda. Riscalda la padella al massimo. Asciugare la carne, salare e cuocere brevemente alla griglia su entrambi i lati fino a formare una crosta croccante.

23. Salsa olandese

Ingredienti per 2 persone

- 150 g di burro
- 2 tuorli d'uovo
- 60 ml di acqua
- 10 ml di aceto di vino bianco
- 3 g di sale

Preparazione

Tempo totale ca. 30 minuti

Riempi d'acqua la vasca della pentola sottovuoto e scalda a 75 ° C.

Sciogliere il burro e riempirlo con il tuorlo d'uovo, l'acqua, il succo di limone, l'aceto di vino bianco e il sale in un sacchetto sottovuoto.

Metti il sacchetto nella macchina per sottovuoto e accendilo. Tieni d'occhio la massa delle uova: devi solo aspirare un po 'd'aria dal sacchetto. Se aspiri troppo liquido, si rovescia nella macchina per sottovuoto. Quindi sigilla il sacchetto.

Mettere la busta nel fornello sottovuoto e lasciarla riposare per 30 minuti a bagnomaria.

Tagliate la busta e riempite la pasta nel sifone. Avvitare il sifone, inserire le cartucce di N2O e agitare energicamente. Versare la salsa olandese dal sifone sui piatti.

24. Maiale stirato - cotto sottovuoto

Ingredienti per 4 persone
Per il mix di spezie:

- 1 cucchiaio di paprika in polvere
- 1 cucchiaio di zucchero di canna
- 1 cucchiaino di sale
- 3 semi di senape
- 1 pizzico di pepe nero
- 2 pizzichi di aglio in polvere
- 1 pizzico di origano
- 1/2 cucchiaino di semi di coriandolo
- 1 pizzico di peperoncino in scaglie
  Per il maiale stirato
- 700 g di spalla di maiale
  Miscela di spezie:
- 500 g di patatine fritte
- Salsa barbecue
- 3 erba cipollina

Preparazione
Tempo totale ca. 15 ore
Per il mix di spezie, mescolare bene tutti gli ingredienti.
Riempire la pentola sottovuoto con acqua e riscaldare a 74 ° C. Strofinare la carne con metà del composto di spezie su tutti i lati. Mettere in un sacchetto sottovuoto e aspirare.
Mettere la carne a bagnomaria e cuocere per circa 16 ore.
Preriscaldate il forno a 150 ° C. Togliete la carne dal sacchetto sottovuoto e asciugatela con carta da cucina. Strofina con il resto della miscela di spezie. Cuocere in forno per circa 3 ore. Non appena il termometro per

arrosti segna 92 ° C, rimuovere l'arrosto e lasciarlo riposare per altri 20 minuti.

Friggere le patatine fritte secondo le istruzioni riportate sulla confezione, sgrassarle su carta da cucina e condire con sale e paprika in polvere.

Metti la carne su una tavola. Tagliare a pezzetti con 2 forchette grandi. Aggiungere la salsa barbecue e mescolare fino a quando tutto è ben bagnato con la salsa. Condite con sale. Tagliate a rondelle l'erba cipollina.

Servire il maiale stirato con patatine fritte, scalogno e salsa barbecue.

25. Salmone con purea di carote e piselli

Ingredienti per 4 persone
Per il salmone:

- 350 g di filetto di salmone (con la pelle)
- 1 pezzo di zenzero (circa 5 cm ciascuno)
- 2 cucchiai di olio d'oliva
- Per le carote
- 6 carote medie
- 3 pizzichi di sale
- 2 cucchiaini di zucchero semolato
- 3 cucchiai di olio d'oliva
  Per i piselli
- 250 g di piselli (congelatore)
- 100 ml di brodo di pesce (o brodo vegetale)
- 2 bicchieri di vino bianco
- 1 spicchio d'aglio
- 1/2 cipolla rossa
- 1 filo d'olio d'oliva

- 2 pizzichi di succo di limone
- 1 lime (la scorza)
- 1 manciata di coriandolo fresco
- 1 manciata di menta fresca
- Sale pepe

Preparazione

Tempo totale ca. 175 minuti

Preriscaldare il bagnomaria a 83 ° C.

Pelare le carote e tagliarle a metà nel senso della lunghezza. Mettere in un sacchetto di alluminio con un filo d'olio, sale e zucchero a velo e sottovuoto.

Mettere a bagnomaria calda e cuocere per 2 ore.

Tagliare lo zenzero a fettine sottili per il pesce (non serve sbucciarlo), asciugare il salmone tamponando, strofinare con olio d'oliva e sale. Aspirare tutto insieme in un sacchetto di alluminio e metterlo in frigorifero.

Tritate finemente la cipolla e l'aglio per la purea di piselli, grattugiate la scorza di lime e tritate le erbe aromatiche.

Scaldare un filo d'olio in una casseruola. Cuocere le cipolle e l'aglio fino a renderle trasparenti a fuoco medio per circa 4 minuti. Sfumare con il brodo e il vino bianco e cuocere a fuoco lento per 10 minuti.

Trascorso il tempo di cottura, togliete le carote dall'acqua, conservatele e regolate il bagnomaria a 55 ° C aggiungendo acqua fredda.

Togli il salmone dal frigo e mettilo a bagnomaria per 45 minuti.

Togliete la pentola con il brodo dal fuoco, aggiungete i piselli surgelati e chiudete il coperchio (i piselli devono solo scongelare. Se cuocete a lungo in pentola, perdono velocemente il loro colore e diventano grigio brunastri).

Accendi il piano cottura e posizionaci sopra la padella in ghisa.

La padella inizia a fumare, togli il salmone dal sacchetto, togli lo zenzero e friggi il pesce fino a renderlo croccante nella padella calda dal lato della pelle. Togliete le carote dal sacchetto e fatele rosolare bene insieme al pesce. Per il motivo grigliato, gira il salmone di 90 gradi dopo 45 secondi.

Aggiungere le erbe, il succo e la scorza di limone, il burro, il sale e il pepe ai piselli e schiacciarli con uno sbattitore a mano.

Mettere la purea di piselli al centro di un piatto, guarnire con il salmone e adagiare le carote a lato.

26. Asparagi verdi

Ingredienti per 4 persone

- 450 g di asparagi
- 2 pizzichi di paprika in polvere
- 1/2 cucchiaio di aglio in scaglie
- 1 cucchiaino di sale marino grosso
- 2 cucchiai di burro
- 1 lime

Preparazione

Tempo totale ca. 60 minuti

Riempi d'acqua la pentola sottovuoto e portala a 57 ° C.

Taglia il lime a spicchi. Tagliare circa 1-2 cm dalle punte degli asparagi e pelare il terzo inferiore. Mettere gli asparagi con il resto degli ingredienti in un sacchetto sottovuoto e sottovuoto.

Mettere gli asparagi a bagnomaria e cuocere per 1 ora. Taglia la busta e servi come contorno, ad esempio, con bistecca di manzo o petto di pollo.

27. Uovo in camicia con frittelle

Ingredienti per 4 persone
Per le frittelle di verdure:

- 130 g di farina
- 1/2 cucchiaino di bicarbonato di sodio
- 2 pizzichi di pepe nero
- 1 pizzico di pepe di Caienna
- 60 g di cavolfiore
- 60 g di broccoli
- 1/2 mazzetto di prezzemolo
- 2 erba cipollina
- 100 g di formaggio cheddar
- 1 uovo

- 230 ml di latte
- 2 cucchiai di olio d'oliva
- sale

Per le uova in camicia

- 4 uova

Preparazione

Tempo totale ca. 45 minuti

Riempire la pentola sottovuoto con acqua e preriscaldare a 75 ° C. Aggiungere le uova e cuocere per 16 minuti.

Mescolare la farina con il bicarbonato di sodio, il sale, il pepe nero e il pepe di Caienna.

Tagliate a rondelle l'erba cipollina. Tritate finemente il cavolfiore, i broccoli e il prezzemolo. Mescolare con l'erba cipollina, l'uovo, il latte e il formaggio cheddar. Aggiungere poco a poco il composto di farina.

Riscaldare l'olio d'oliva in una padella. Mettere 1-2 cucchiai di pastella nella padella e distribuire leggermente. Cuocere le frittelle a fuoco medio fino a dorarle sul fondo. Rotazione e gocciolamento su carta da cucina. Fai lo stesso con il resto dell'impasto.

Distribuire le frittelle di verdure su un piatto. Togli le uova dal fornello sottovuoto e sbattile delicatamente. Far scorrere le uova in camicia sui pancake e servire.

28. Asparagi sottovuoto

Ingredienti per 4 persone
- 500 g di asparagi bianchi
- 0,5 cucchiaini di zucchero
- 0,5 cucchiaini di sale
- 1 stk. Scorza di limone
- 30 g di burro

Preparazione

Tempo totale ca. 35 minuti

Pelate gli asparagi bianchi, eliminate la parte legnosa e metteteli nel sacchetto sottovuoto.

Grattugiate la buccia del limone biologico non trattato con una grattugia e aggiungetela al sacchetto insieme al burro, allo zucchero e al sale.

Ora rimuovere l'aria dal sacchetto con un aspirapolvere e sigillare il sacchetto.

Il sacchetto sigillato viene ora inserito nella vaporiera o in un aspirapolvere per ca. 30 minuti a 85 gradi.

Togliere gli asparagi finiti dal sacchetto e servire con patate lesse e salsa olandese.

29. Costine di maiale sottovuoto

Ingredienti per 2 persone
- 2 kg di costine

Ingredienti per la marinata
- 1 cucchiaino di paprika
- 1 cucchiaino di cumino, macinato
- 1 cucchiaino di peperoncino in polvere o sale piccante
- 1 cucchiaino di origano
- 1 pepe nero macinato
- 1 sale
- 1 cucchiaino di aglio in polvere
- 1 bicchierino di succo di limone
- 5 cucchiai di salsa barbecue

Preparazione
Tempo totale ca. 315 minuti

Per le costolette sottovuoto, prepara prima una ricca marinata. Unisci la paprika in polvere, il cumino, il peperoncino in polvere, l'origano, il pepe, il sale, l'aglio in polvere e il succo di limone con la salsa barbecue in una ciotola.

Strofina bene le costine con questa marinata e adagia le costine una accanto all'altra nel sacchetto sottovuoto e sottovuoto.

Ora cuocere le costine di maiale per 5 ore buone a 80 gradi in un dispositivo sottovuoto o in una vaporiera.

Quindi sciacquare subito le costine di maiale sotto l'acqua fredda, togliere la carne dal sacchetto e metterla sulla griglia calda, per circa 8-12 minuti. Se lo desideri, puoi ricoprire le costine con un po 'di salsa barbecue dopo averle grigliate, ma non è necessario.

30. Bastoncini di carote sottovuoto

Ingredienti per 4 persone
- 400 g di carote
- 1 cucchiaio. burro
- 1 cucchiaino di zenzero grattugiato
- 1 cucchiaino di semi di finocchio, interi

Preparazione

Tempo totale ca. 65 minuti

Lavate le carote, mondatele, pelatele con un pelapatate e tagliatele a bastoncini allungati.

Ora metti i bastoncini di carota uno accanto all'altro in un sacchetto sottovuoto. Mettete lo zenzero grattugiato ei semi di finocchio nel sacchetto con le carote e passateli con l'aspirapolvere.

Ora metti la busta nel dispositivo sous vide o nella vaporiera e cuoci per 60 minuti a 80 gradi.

Quindi raffreddare la busta in acqua ghiacciata (o acqua fredda), togliere le carote dalla busta e mantecarle brevemente in un po 'di burro in una padella.

31. Filetto di maiale sottovuoto

Ingredienti per 4 persone
- 600 g di filetto di maiale / maiale
- 1 goccio d'olio per la padella
- 1 sale
- 1 peperone

100 min. Tempo totale
Preparazione
Tempo totale ca. 100 minuti
Per il filetto di maiale sottovuoto, lavare prima la carne e asciugare tamponando con un canovaccio da cucina.
Ora con un coltello affilato eliminare i resti di grasso e la pelle argentata dalla carne e tagliarla a fette di qualsiasi

dimensione (circa 3-4 cm) di spessore; naturalmente puoi anche cucinare l'intero pezzo.

Ora i pezzi di carne entrano nel sacco sottovuoto e l'aria viene aspirata e saldata con l'ausilio di un aspirapolvere.

Il sacchetto saldato viene quindi posto nel dispositivo di cottura a vapore o sottovuoto per ca. 60 minuti a 63 gradi (= media) o 67 gradi.

Dopo una cottura delicata, togliete di nuovo la busta, tagliatela con un coltello o con le forbici, tamponate leggermente la carne con carta da cucina e condite con sale e pepe.

Infine si scalda un pizzico d'olio in una padella e la carne è piccante su tutti i lati e solo brevemente scottata; Importante, l'olio deve essere molto caldo.

32. Purè di patate sottovuoto

Ingredienti per 4 persone

- 1 kg di patate cotte con farina
- 250 ml di latte
- 30 g di burro
- sale
- Noce moscata

Preparazione

Tempo totale ca. 100 minuti

Per il purè di patate, prima lavate e pelate le patate. Quindi passare l'aspirapolvere e sigillare le patate in un sacchetto sottovuoto.

Il sacchetto di patate viene posto nel piroscafo o nell'aspirapolvere per 90 minuti a 85 gradi.

Quindi tirare fuori le patate dal sacchetto e schiacciarle in una casseruola e scaldarle a fuoco basso.

Scaldare il latte insieme al burro in un'altra ciotola e mescolare con il composto di patate con una frusta. Condire il purè di patate con sale e un pizzico di noce moscata.

33. Zucca di Hokkaido sous vide

Ingredienti per 2 persone

- 1 stk di zucca Hokkaido (400 grammi)
- sale
- Pepe
- 1 cucchiaino di burro
- 1 cucchiaino di burro per la padella
- Zenzero grattugiato
- 1 bicchierino di succo di mela

Preparazione

Tempo totale ca. 25 minuti

Lavate bene la zucca Hokkaido, tagliatela a metà e con un cucchiaio togliete la polpa con i semi; non buttatelo via, i semi possono essere essiccati e usati per decorare vari piatti.

Ora tagliate la zucca (compresa la buccia) a cubetti e aggiungetela insieme allo zenzero, il burro, il sale, il pepe e un pizzico di succo di mela nel sacchetto sottovuoto e aspiratela; assicurarsi che nessun liquido penetri nella saldatura. cuciture della borsa.

Ora cuocete i pezzi di zucca in un sacchetto a 80 gradi per 20 minuti in una pentola sottovuoto o al vapore.

Terminata la cottura, estrarre il sacchetto, aprirlo e friggere brevemente i pezzi di zucca in una padella con un po 'di burro.

34. Medaglioni di maiale sottovuoto

Ingredienti per 4 persone

- 800 g di filetti di maiale
- sale
- Pepe
- Olio per la padella

Preparazione

Tempo totale ca. 75 minuti

Per i medaglioni di maiale sottovuoto, lavare prima la carne, asciugarla e tagliarla a fette di ca. 3-4 cm.

A questo punto condire i pezzi di carne con sale e pepe, metterli in un sacchetto sottovuoto e togliere l'aria con l'aiuto del dispositivo sottovuoto e sigillare il sacchetto.

Insaccare a 63 gradi per circa 60 minuti nel piroscafo o nel dispositivo sottovuoto.

Quindi tagliate la busta, togliete la carne e fatela rosolare in padella con olio su tutti i lati; l'olio deve essere molto caldo e la carne deve bruciare molto brevemente.

35. Salmone sottovuoto

Ingredienti per 4 persone

- 4 filetti di salmone, senza pelle
- Sale marino
- Pepe nero in grani
- 1 bicchierino di succo di limone
- 2 gambi di aneto, tritati
- 2 rametti di timo, tritati
- 2 cucchiai. olio d'oliva

Preparazione

Tempo totale ca. 40 minuti

Lavate prima i filetti di salmone (circa 180 grammi l'uno - 3 cm di spessore), asciugateli con carta da cucina e eliminate le lische.

Ora fate una marinata con olio d'oliva, i gambi di aneto tagliati, sale, pepe, succo di limone e tagliate i rametti di timo e strofinate con esso i filetti di pesce.

Quindi mettere le bistecche (compresa la marinata) in un sacchetto sottovuoto, non metterle una accanto all'altra, aspirare e cuocere i sacchetti per 30 minuti a 52 gradi in un dispositivo sous vide o in una pentola a vapore.

Terminata la cottura, togliete i filetti di pesce dal sacchetto e servite; un contorno è un gratin di patate o patate lesse.

36. Petto d'anatra in salsa all'arancia

Ingredienti per 4 persone

- 4 stk petti d'anatra
- 1 premio di sale
- 1 cucchiaio. Burro per la padella
- Ingredienti per la salsa all'arancia
- 1 arancia
- 1 spicchio d'aglio

- 1 cucchiaio. Burro per la padella
- 1 premio di sale

Preparazione

Tempo totale ca. 40 minuti

Lavare i pezzi di carne di petto d'anatra e asciugarli tamponando. Quindi, libera la carne da tendini, pelle e grasso indesiderati (questi pezzi possono essere usati per preparare la zuppa) e taglia il lato della pelle.

Ora mettete i pezzi di carne uno accanto all'altro nel sacchetto sottovuoto e sigillate il sacchetto sottovuoto.

Cuocere la busta a 66 gradi (= media) o 72 gradi (= piena) per 35 minuti.

Quindi togliete la carne dal sacchetto (raccogliete il succo di cottura) e fatela soffriggere in una padella calda con il burro su entrambi i lati, un po 'di più dal lato della pelle.

Aprire l'arancia per la salsa all'arancia e togliere la polpa dalla pelle. Tagliare a pezzettini le arance, raccogliere il succo e far appassire insieme ai pezzetti d'arancia e allo spicchio d'aglio in una padella con un po 'di burro.

Mescolate ora il succo di cottura del sacchetto sottovuoto e fatelo bollire brevemente, condite con un pizzico di sale.

37. Millefoglie di mele con salsa ai frutti rossi

Ingredienti per 4 persone

- 300 g di pasta sfoglia
- 300 g di bacche
- 60 g di zucchero di canna
- 1 mazzetto di menta
- 50 millilitri di rum
- 500 g di mele Golden Delicious
- 70 g di zucchero semolato
- 50 g di pinoli
- 50 g di uvetta sultanina
- 1 baccello di vaniglia
- 50 g di zucchero a velo
  Preparazione
  Tempo totale ca. 3 ore 5 minuti

Riempire il bagnomaria e preriscaldarlo a 65 ° C.

Mescolare ¾ dei frutti di bosco con lo zucchero di canna, aggiungere metà della menta e del rum e unire il tutto in un sacchetto sottovuoto, sigillare bene e cuocere per 15 minuti a 65 ° C. Lasciare raffreddare, mescolare bene e filtrare.

Ora riempire nuovamente un bagnomaria e preriscaldarlo a 60 ° C.

Pelate le mele e privatele del torsolo, tagliatele a spicchi e mettetele in un sacchetto sottovuoto insieme allo zucchero a velo, i pinoli, l'uvetta e la vaniglia. Chiudere bene la busta e immergerla completamente in un bagnomaria sottovuoto e poi cuocere per 12 minuti a 60 ° C. Lasciare raffreddare bene.

Stendete la pasta sfoglia e tagliate fette di 10 cm. Adagiatela poi su una teglia e infornatela a 180 ° C per 6 minuti in forno.

Terminata la cottura, tagliare a metà le fette di pasta sfoglia, farcire con la mela e adagiarle sui piatti da portata. Infine, spolverare con un po 'di salsa ai frutti rossi e la menta rimasta.

38. Millefoglie di mele con mousse

Ingredienti per 4 persone
Mela sottovuoto:

- 400 g di mele Golden Delicious
- 80 g di zucchero semolato
- 1 baccello di vaniglia
- Mousse sottovuoto:
- 3 decilitri di latte
- 3 decilitri di panna
- 1 stecca di cannella
- 6 tuorli d'uovo
- 90 grammi di zucchero semolato
  Sfoglia:
- 400 g di pasta sfoglia

- Contorno:
- pignoni
- uva passa

Preparazione

Tempo totale ca. 27 minuti

Mela sottovuoto:

Pelare le mele e privarle del torsolo, quindi tagliarle a spicchi e metterle in un sacchetto sottovuoto con lo zucchero semolato e la vaniglia. Quando il sacchetto è ben chiuso, immergerlo completamente nel bagnomaria e cuocere per 12 minuti a 60 ° C sotto vuoto fino al termine.

Quindi lasciate raffreddare bene.

Mousse sottovuoto:

Sbattete bene i tuorli con lo zucchero e aggiungete la panna e il latte. Mettete questo composto insieme alla cannella in un sacchetto sottovuoto. Sigilla bene il sacchetto e immergilo nel bagnomaria sous vide.

Quindi lasciate cuocere per 15 minuti a 92 ° C sotto vuoto.

Quindi lascia raffreddare il composto. Passatela al colino e versate la panna in un sifone con cartuccia a gas. Conservalo in frigorifero.

Sfoglia:

Stendete la pasta sfoglia e tagliate fette di 10 cm. Adagiatela poi su una teglia e infornatela a 190 ° C per 20 minuti in forno.

Contorno:

Disporre la pasta sfoglia sui piatti da portata; unite le mele e terminate con la crema alla cannella, i pinoli e l'uvetta.

39. Salmone sottovuoto con aneto

Ingredienti per 4 persone

Salmone sottovuoto:

- 400 grammi di filetto di salmone senza lische né pelle
- 40 millilitri di olio di colza o di girasole
- La scorza di 1 limone
- sale

Cetriolo:

- 2 cetrioli
- 1 mazzetto di aneto
- La scorza e il succo di 1 lime.
- 2 cucchiai di olio di colza
- sale
- zucchero

Preparazione

Tempo totale ca. 18 minuti

Salmone sottovuoto:

Tagliate il salmone in quattro pezzi uguali e passatelo insieme agli altri ingredienti in un sacchetto sottovuoto.

Cuocere i pezzi di salmone per 18 minuti a 56 ° C a bagnomaria sottovuoto, aggiustare di sale e disporre ogni pezzo su un piatto con l'insalata di cetrioli.

Cetriolo:

Pelare i cetrioli, tagliarli a metà e tagliarli a fette a forma di falce. Mettete questo insieme a sale, zucchero e scorza di limone in un sacchetto sottovuoto e sottovuoto. Lasciate marinare in frigorifero per 2 ore.

Tritare finemente l'aneto e fare una vinaigrette con il succo di lime e l'olio.

Marinare i cetrioli con la vinaigrette e condire con l'aneto.

40. Involtino di vitello con salsa di cipolle

Ingredienti per 1 porzione

- 4 fette di vitello, ad esempio, il coperchio in alto è molto adatto per fare involtini.
- 4 cucchiai di senape media
- 2 sottaceti grandi
- 1 cucchiaio di pancetta
- 1 cipolla media, tritata finemente
- 1 cucchiaino di foglie di maggiorana fresca
- Un po 'di aceto balsamico
- sale
- 300 millilitri di salsa

Preparazione
Tempo totale ca. 2 ore
Appiattire le fette di roscón, spennellare con senape e cospargere con un po 'di sale.

Mettere i cubetti di pancetta in una padella e friggerli insieme alle cipolle.

Aggiungere le foglie di maggiorana e acidificare leggermente il tutto con un po 'di aceto.

Lasciate raffreddare questo composto e mettetelo sul fondo del rotolo.

Tagliate i sottaceti a fettine e adagiateli sopra le cipolle. Piega leggermente i lati e arrotolali saldamente.

Aspirare le porzioni insieme alla salsa e cuocere per 2 ore a 65 ° C a bagnomaria sotto vuoto.

Togliete il rotolo dal sacchetto e servitelo con la salsa. Legare la salsa se necessario.

41. Mojito infuso sottovuoto

Ingredienti per 2 persone

- 750 ml di rum
- 4 gambi di citronella medi - leggermente ammaccati (usa un martello da cucina)
- 4 foglie di lime kaffir
- Scorza di 1 lime
- Succo di 1 lime
- 3 rametti medi di foglie di menta fresca
- Acqua di seltz

Preparazione

Tempo totale ca. 4 ore

Preriscaldare il bagnomaria sottovuoto a 57 ° C.

Mettere tutti gli ingredienti in un sacchetto sottovuoto e sigillare completamente, eliminando quanta più aria possibile. Immergere a bagnomaria sottovuoto e cuocere per 4 ore.

Togliere dall'acqua e raffreddare completamente. Meglio
se refrigerato.

42. Controfiletto con sous vide

Ingredienti per 4 persone
- 500 grammi di filetto neozelandese
- 3 cucchiai di olio di arachidi
- 1 cucchiaino di olio extravergine di oliva
- 750 millilitri di vino rosso
- 3 bottiglie di porto
- 750 millilitri di brodo di carne
- 200 grammi di fegato d'oca
- 200 grammi di fegato di pollo
- Sale e pepe
- 100 grammi di piselli, freschi o congelati
- 50 millilitri di brodo di carne
- 1 carota

- 50 grammi di tartufo nero
- 50 millilitri di champagne
- 150 grammi di cipolla perlata
- 5 bacche di ginepro

Metodo di preparazione

Tempo totale ca. 60 minuti

Versate 750ml di vino rosso, porto e brodo di carne in una casseruola in cui potete fare una salsa e lasciate cuocere a fuoco lento fino a ottenere una consistenza sciropposa.

Preparare la crema di fegato rosolando separatamente il foie gras e il fegato di pollo. Non restare con il grasso. Condite con sale e pepe e tagliate a cubetti.

Portate a ebollizione 750 ml di brodo a circa 100 ml e poi aggiungete i dadini di fegato. Frullare il composto e metterlo in un colino fine per ottenere una crema fine e liscia.

Preparare la purea di piselli sbollentando brevemente i piselli freschi in acqua bollente salata; se usi i piselli surgelati, lasciali scongelare prima. Frullare i piselli con il brodo di manzo e condire con sale e pepe.

Tagliate la carota a listarelle sottili con un pelapatate. Sbollentateli brevemente in acqua bollente salata e spaventateli con acqua ghiacciata. Fare dei piccoli involtini e disporli su un piatto. Infornate a bassa temperatura per mantenerle calde.

Cuocere i tartufi per circa un'ora in una padella sigillata in 50 ml di champagne e 50 ml di porto. Quindi toglieteli dall'infuso e tagliateli a cubetti.

Pelate la cipolla perlata e fatela soffriggere in una padella con un filo di olio di arachidi. Sfumare con 500ml di porto, aggiungere tre bacche di ginepro e far bollire per circa 5 minuti. Lasciar cuocere per altri 20 minuti con il coperchio sulla padella.

Salare un po 'il filetto e spennellare con olio d'oliva. Aspirare la carne insieme a due bacche di ginepro in un sacchetto sottovuoto. Mettere la carne a bagnomaria sotto vuoto a 60 ° C per 1 ora.

Quindi togliete la carne dal sacchetto, asciugatela e fatela soffriggere brevemente in una padella con un filo di olio di arachidi su entrambi i lati in alto. Mescolare il succo di carne con l'erba cipollina marinata.

Tagliate la bistecca di manzo in diagonale e dividetela in quattro piatti. Aggiungere un cucchiaio di purea di piselli e la crema di fegato. Disporre gli involtini di carote e le cipolline sul piatto. Versare la salsa su tutto il piatto e buon appetito!

43. Broccolo romanesco sous vide

Ingredienti per 4 persone

- 700 grammi di broccolo romanesco (circa 450 grammi rimasti puliti)
- 20 grammi di burro salato a cubetti
- 1 pizzico di noce moscata

Metodo di preparazione

Tempo totale ca. 60 minuti

Tagliate i broccoli romanesco a piccole cimette, mondateli, lavateli bene e asciugateli bene. Sbollentateli brevemente in acqua salata e poi spaventateli con acqua ghiacciata.

Disporre le verdure una accanto all'altra in un sacchetto resistente al bollore, spolverare sopra la noce moscata, aggiungere il burro salato e spalmare bene il tutto sui broccoli romanesco.

Vuoto e cuocere le verdure per 60 minuti a 80 ° C a bagnomaria sottovuoto.

Quindi friggerlo con acqua ghiacciata. Per servire, riscaldare i broccoli nella busta, quindi rosolare le cimette in una padella.

44. Hamburger vegetariani di sedano rapa

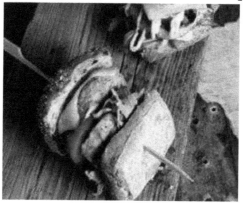

Ingredienti per 1 porzione

- 4 fette di sedano Sous Vide sedano
- 1 cipolla rossa
- 1 pomodoro di manzo
- 4 fette di formaggio cheddar
- 4 panini (hamburger)
- 2 sottaceti
- ketchup
- 100 grammi di lattuga iceberg
- Maionese al curry (da 100 ml di maionese, 1 cucchiaino di curry in polvere e 1 cucchiaino di sciroppo di zenzero)

Preparazione

Tempo totale ca. 15 minuti

Grigliare le fette di sedano rapa per 4 minuti per lato nella padella.

Preriscalda il forno a 180 ° C

Tagliate a rondelle la cipolla rossa e affettate il pomodoro.

Disporre le fette di sedano rapa su una teglia da forno e adagiare una fetta di pomodoro su ogni fetta

Completare con alcuni anelli di cipolla rossa e una fetta di formaggio cheddar. Mettere nel forno preriscaldato per 3 minuti.

Tagliare i panini a metà e grigliare brevemente sulla griglia o sulla griglia. Coprite le metà con la salsa di pomodoro.

Togliere le polpette di sedano rapa dal forno e disporle sulle metà inferiori del panino. Tagliare il sottaceto a fette lunghe e posizionare una fetta sopra ogni tortino.

Mescolare la maionese al curry con la lattuga iceberg tritata finemente e adagiarla sopra gli hamburger. Coprite con il resto delle metà del pane.

45. Ananas infuso

Ingredienti per 1 porzione

- ½ ananas
- Una noce di burro
- 1 stecca di cannella
- ¼ baccello di vaniglia
- 4 baccelli di cardamomo
- 2 anice stellato
- Un pizzico di rum marrone

Preparazione

Pulisci l'ananas tagliando la pelle e il nocciolo duro.

Tagliare a fette spesse e metterle in un sacchetto sottovuoto.

Mettere sopra le spezie e il burro di noci e aggiungere un goccio di rum marrone.

Aspirare l'ananas.

Mettere il sous-video stick in una pentola con acqua e metterlo a 82,5 ° C e aggiungere l'ananas quando l'acqua sarà a temperatura.

Lascia cuocere l'ananas per 5 minuti.

Togliete dal sacchetto e servite subito a vostra discrezione, in modo che il "burro al rum" possa essere versato con un cucchiaio sull'ananas o immediatamente raffreddato l'ananas in acqua ghiacciata e conservato per un secondo momento.

46. Guancia di manzo con cavolo cappuccio

Ingredienti per 4 persone

- 4 guance di vitello
- Strofina orientale
- Timo fresco (limone)
- Rosmarino e salvia
- 8 spicchi d'aglio (schiacciati)
- Burro chiarificato o grasso d'oca
- Pepe bianco (macinato fresco)
- Farina, 8 patate novelle (lavate e tagliate a metà)
- 1 cavolo verde piccolo
- ½ busta di castagne precotte
- 1 cucchiaino di semi di cumino (schiacciati)
- 1 bottiglia di birra di frumento
- 125 ml di brodo vegetale o di pollo

- Composta di mirtilli rossi (barattolo)

Preparazione

Spennellare le quattro guance di vitello con olio d'oliva, coprire con il condimento orientale e spolverare con un po 'di pepe macinato fresco e sale.

Metti ogni guancia di vitello nel suo sacchetto sottovuoto con timo fresco, salvia, rosmarino, aglio schiacciato e un pizzico generoso di olio d'oliva delicato. Aspirare la carne.

Riscaldare la pentola sottovuoto a 80 ° C.Quando il dispositivo ha raggiunto la temperatura corretta, posizionare i sacchetti sottovuoto nel supporto. Nota: le borse devono essere appese sott'acqua.

Togliere i sacchetti dalla pentola dopo 6 - 8 ore (a seconda dello spessore della carne dopo averli passati sottovuoto) e raffreddarli immediatamente in acqua ghiacciata.

Rimuovere la carne dai sacchetti e rimuovere le erbe e l'aglio. Tagliate le guance di vitello in 3 pezzi ciascuna. Cospargere la carne con sale e pepe bianco appena macinato. Piega leggermente la carne su entrambi i lati attraverso la farina.

Rosolare la carne a fuoco vivo in un po 'di burro chiarificato o grasso d'oca e grigliarla fino a renderla croccante in circa 4 minuti. Lascia riposare la carne in un luogo caldo.

Lessate le patate novelle per circa 10 minuti in acqua con poco sale.

Nel frattempo tagliate a metà la verza e spezzettate le foglie. Cuocere le castagne per 5 minuti a fuoco medio in poco burro. Aggiungere i semi di cumino e il cavolo. Tira fuori un paio di volte. Sfumare le castagne con la birra bianca e aggiungere il brodo. Porta tutto a ebollizione e poi abbassa completamente la fiamma. Cuocere il cavolo cappuccio con un coperchio nella padella in circa 7 minuti.

Rosolare le patate in un po 'di burro per circa 5 minuti.

Taglia la carne. Dividere la verza in 4 ciotole preriscaldate, adagiarvi sopra le guance di vitello e cospargere di castagne e patate novelle. Versare qua e là un po 'di composta di mirtilli rossi sul piatto.

47. Tournedos Rossini

Ingredienti per 2 persone
Fegato d'anatra:

- 200 g di fegato d'anatra
- 1/2 bicchiere di cocktail vieux
- Zucchero a velo
  Controfiletto e salsa:
- 4 pezzi di controfiletto
- (120/140 g) olio e burro
- 1 dl di Madeira
- 75 g di tapenade al tartufo
- 3 dl di brodo di carne
  Pane Brioche:
- 4 fette spesse di pane brioche (2 cm)
- 1 spicchio d'aglio
- Petrolio
- Patate e asparagi:
- 500 g di patate tenere, con la buccia
- 12 asparagi verdi
  Preparazione

Preparazione del fegato d'anatra:

Lascia che il fegato d'anatra si riscaldi e risciacqua le vene ei vasi sanguigni.

Metti il fegato d'anatra in una ciotola capiente. Aggiungere il vieux e mescolare bene. Condisci con pepe, sale e un pizzico di zucchero a velo (assicurati che non diventi troppo dolce).

Versate il tutto in una pirofila adatta e lasciate riposare in frigorifero per circa 2 ore.

Preparazione Controfiletto e salsa:

Rosolare brevemente il controfiletto in olio bollente. Quindi lascia raffreddare un po 'la padella.

Aspirare la carne.

Cuocere la carne sottovuoto per 4 ore a 56°C.

Sfumare il brodo con il Madeira, la tapenade al tartufo e il brodo di carne.

Ridurre a 1/3 e condire a piacere.

Preparazione del pane brioche:

Tagliare il pane brioche a fette larghe.

Tritare molto brevemente l'aglio e le verdure nell'olio.

Cospargere il pane con l'olio all'aglio e metterlo croccante in forno a 180 ° C.

Preparazione di patate e asparagi:

Lavate bene le patate. Tagliarli a metà, cuocerli al dente e raffreddarli.

Sbollentare gli asparagi in acqua bollente salata e raffreddarli nuovamente in acqua ghiacciata.

48. Gratin gratinato

ingredienti

- 800 grammi di salsefrica
- 2 cucchiai. panko
- 2 cucchiai. pignoni
- 4 rametti di timo al limone
- 50 grammi di pecorino

Metodo di preparazione

Preriscaldare il forno con grill a 190 ° C.

Disporre le salsefrica una accanto all'altra in una pirofila unta o su una teglia unta.

Rimuovere il timo limone dai rametti e cospargere con la salsefrica.

Condire generosamente con pepe macinato fresco e un po 'di sale e spolverare con pinoli e panko.

Grattugiare sopra il pecorino e ungere nel forno preriscaldato fino a quando il panko è croccante e il formaggio si è colorato e sciolto.

49. Pollo con broccoli e salsa al formaggio

Ingredienti per 4 persone

- 4 filetti di pollo
- 1 broccolo
- 3 scalogni
- 10 pezzi di funghi
- 40 g di burro
- 5 g di sale
- 2 spicchi d'aglio
- 100 g di vino bianco
- 350 grammi di panna montata
- 100 grammi di formaggio Gouda

Preparazione

Tempo totale ca. 1 ora e 30 minuti

Riscaldare il bagno sottovuoto a 65 gradi. Mettete il filetto di pollo in un sacchetto sottovuoto con un generoso pizzico di olio d'oliva e un pizzico di sale. Una volta che il bagnomaria è a temperatura, inserire il pollo e impostare il timer per 1 ora.

Affettare le cimette di broccoli e tagliare il gambo dei broccoli a pezzetti. Tagliate lo scalogno a pezzi e tritatelo con il gambo di broccoli in un robot da cucina.

Mondare i funghi (se necessario) e tagliarli in quarti.

Sciogliere il burro in una padella. Aggiungere il sale, l'aglio tritato finemente e il composto di broccoli e cipolla e rosolare per 5 minuti. Aggiungere il vino e lasciarlo ridurre fino a quando non sarà rimasta quasi l'umidità nella padella. Quindi aggiungere la panna montata e il formaggio e mescolare bene fino a creare una struttura simile alla fonduta.

Aggiungere i broccoli e i funghi e lasciarli cuocere lentamente per circa 15 minuti. Mescola regolarmente o la salsa cuocerà.

Dopo un'ora, togliere il pollo dal bagno sous vide e asciugarlo tamponando con carta da cucina. Quindi scaldare una padella e friggere il pollo su entrambi i lati per una bella copertura marrone. Servite subito.

Unisci il pollo alla salsa di broccoli e formaggio. Buon Appetito!

50. Purè di patate a 72 gradi

Ingredienti per 6 persone

- 1 chilo di patate
- 250 grammi di burro
- 150 grammi di latte

Preparazione

Tempo totale ca. 90 minuti

Pelare le patate. Quando i segnalatori acustici sono fuori dalla giacca, tagliarli in parti uguali dello spessore di circa 1 centimetro; in questo modo si cuociono tutte le patate contemporaneamente. Salva le conchiglie.

E come ultimo passaggio nella preparazione, lava a lungo le tue patate! Quando si taglia la patata, le pareti cellulari della patata vengono rotte, in modo che l'amido venga rilasciato sulla superficie tagliata. Se cuocessi subito le patate, tutto questo amido finirebbe nel liquido di cottura, il che non migliora il purè. Risciacqua bene le patate per qualche minuto, così tutto l'amido è sparito dal tuo lavandino.

Se metti le patate lavate in acqua bollente, le pareti cellulari scoppieranno e perderai parte dell'amido. Con un semplice accorgimento puoi assicurarti che l'amido sia fissato prima nella patata. Di conseguenza, la patata perde meno amido durante la preparazione successiva - esattamente quello che vogliamo!

E come lo fai? Metti le tue patate in acqua a 72 gradi per 30 minuti, facile da fare tramite sous vide. In realtà. Rende la tua patata una patata diversa... Non cotta, ma al tatto. Tutto l'amido è ora ben racchiuso nella patata.

La patata ha più sapore sulla pelle. E un peccato non usarlo nella tua purea! Per fare questo, lavare bene le bucce e portarle a bollore mescolando con il latte. Togli la padella dal fuoco non appena il latte bolle e lascialo riposare fino al momento dell'uso. Questo attira il sapore della pelle al latte, che alla fine aggiunge alla sua purea.

Sciacquare di nuovo bene le patate dopo 30 minuti e cuocerle completamente cotte per altri 30 minuti. Naturalmente, questo è possibile senza sottovuoto e semplicemente facendo bollire l'acqua.

Tagliate il burro a tocchetti e metteteli in una ciotola. Scolare le patate lesse e strizzarle finemente con lo spremiagrumi schiacciato (o in alternativa utilizzare un purè di patate). Mescolare bene il burro e la miscela di patate.

Ora strofina la purea attraverso il colino (da forno) più fine possibile.

Aggiungete un goccio di latte e unite bene la purea.
Continua ad aggiungere il latte fino a ottenere la
consistenza desiderata. Condite con pepe fresco e sale
marino. Il buongustaio ora aggiunge un po 'di noce
moscata o scorza di limone / lime (per agire come una
controparte fresca del burro).

CONCLUSIONE

Vale davvero la pena investire in questo nuovo e moderno metodo di cottura per cucinare a casa tutti i giorni? Condividerò i motivi per cui penso che sous vide sia uno strumento pratico per tutto, da una cena nei giorni feriali a una cena di fantasia.

Anche se questa tecnica può sembrare così strana e delicata, i sacchetti di plastica? Dispositivi high-tech? Chi ha bisogno di tutto ciò in cucina? Ma i benefici del sous vide, così ben noti ai ristoranti, possono essere di grande aiuto anche per il cuoco casalingo.

Il sous vide fornisce un controllo preciso in cucina per offrire il cibo più tenero e saporito che tu abbia mai assaggiato. Con questo, è facile ottenere risultati di qualità da ristorante dall'inizio alla fine.

La ragione più sorprendente per me è la semplicità e la flessibilità del sous vide. Se stai cucinando per una varietà di preferenze alimentari o allergie, il sous vide può semplificarti la vita. Ad esempio, puoi cucinare pollo marinato con molte spezie e pollo cosparso di sale e pepe allo stesso tempo, quindi varie categorie di persone saranno felici!

Lightning Source UK Ltd.
Milton Keynes UK
UKHW020846040621
384922UK00005B/103